APPEL

A LA POSTÉRITÉ.

APPEL

A LA POSTÉRITÉ,

SUR

LE JUGEMENT DU ROI.

PAR MR G. GALLAIS.

Juste postérité, à témoin je t'appelle!
REGNIER.

QUATRIÈME ÉDITION.

A PARIS,

CHEZ J. G. DENTU, IMPRIMEUR-LIBRAIRE,

Rue du Pont de Lodi, n° 3, près le Pont Neuf ;

ET CHEZ TOUS LES MARCHANDS DE NOUVEAUTÉS.

1814.

AU ROI.

—

SIRE,

*Permettez qu'un de vos plus fidèles sujets,
celui qui n'a cessé de pleurer la mort de votre
auguste frère, dépose à vos pieds, en même temps
que l'expression de son dévouement à Votre
Majesté, le Mémoire qu'il publia sous le titre*
d'Appel à la postérité, *trois jours avant l'hor-*

rible catastrophe qu'il croyait alors possible de prévenir : son espérance fut trompée, et son désespoir inexprimable. Les sentimens qu'il manifesta, dans cette occasion solennelle, il n'a cessé de les professer dans tout le cours de cette longue révolution, à laquelle l'arrivée de Votre Majesté vient enfin de mettre un terme.

Puisse le ciel vous en récompenser par une longue suite de jours fortunés, et par la joie que votre retour inspire à tous les Français, et notamment à celui qui est,

DE VOTRE MAJESTÉ,

SIRE,

Le très humble et très-obéissant
serviteur et sujet,

GALLAIS.

AVIS.

—

Cᴇᴛᴛᴇ brochure, conçue rapidement, et aussi rapidement écrite, parut trois jours avant la mort du roi, eut trois éditions pendant ces trois jours, fit verser des larmes amères à tous ceux qui la lurent, et réveilla dans tous les cœurs des sentimens d'amour et d'énergie qui eussent sauvé le roi, si les scélérats qui avaient juré sa mort n'eussent pas pris, à cet effet, des mesures que toutes les puissances du monde n'auraient pu déconcerter.

Elle excita toutefois leurs inquiétudes. Ils firent arrêter les colporteurs qui la distribuaient, et le libraire Webert qui la vendait. Ils en recherchèrent avidement l'auteur; et quoique celui-ci eût gardé l'anonyme le plus sévère, il fut soupçonné, et averti à temps par M. Thomas, jeune homme plein de courage et de zèle pour la même cause, lequel s'était chargé de faire imprimer la brochure, et courut dix fois le risque de sa vie en surveillant avec soin et son impression et sa distribution. L'auteur se cacha et fit bien; car des émissaires adroits étaient chargés de l'arrêter le soir même du jour où M. Thomas vint lui faire part de sa découverte et de ses craintes.

M. Webert était déjà pris et incarcéré. Ce fut en vain qu'on lui demanda le nom de l'auteur que l'on cherchait; il l'ignorait complètement; mais il pouvait déclarer celui de M. Thomas , éditeur. Il n'en fit rien. On voulut tour-à-tour le séduire par des récompenses , et l'intimider par la crainte de la mort. Il résista et aux menaces et aux promesses ; il fut la victime de sa noble fermeté. Il fut condamné par le tribunal révolutionnaire, et décapité *pour avoir vendu et colporté* L'APPEL A LA POSTÉRITÉ. Il mourut avec son secret.

Mais il l'eût révélé, que l'auteur n'en avait rien à craindre. Que pouvait déclarer M. Webert ? Rien autre chose que le nom de M. Thomas , et M. Thomas aurait été pris, interrogé et menacé tout aussi vainement que M. Webert ; il serait mort comme lui avec son secret, et avec le même courage dont il a donné depuis des preuves incontestables.

Ce secret en est tellement resté un pour les scélérats , que lorsque l'auteur fut arrêté, huit mois après, et conduit à la Force , où il est resté cinq mois , il n'en a jamais été question ni dans son écrou, ni dans son interrogatoire, ni dans son acte d'accusation. Son écrou porte : *arrêté comme suspect.* Il fut interrogé sur ses liaisons avec le général Custines, et sur ses divers articles d'un journal qu'il rédigeait alors sous le titre de *Bulletin national*, dans lequel il avait osé publier, le 10 août 1792, et sous le couteau des scélérats, la relation fidèle de ce qui s'était passé au château. Cette relation commençait ainsi :

« Le temps des réflexions est passé, l'esprit n'a plus de couleurs, et la langue française n'a plus de termes pour achever le tableau de nos maux.

« Quelles sont épouvantables les convulsions qui ac-

compagnent l'agonie de la monarchie! Qui pourra re-
tracer avec fidélité ; qui pourra lire sans horreur le
simple récit de cette affreuse journée ? etc..... »

Il n'en fallait pas tant pour être condamné à mort.

Son acte d'accusation portait qu'il était *suspect*,
royaliste, *ami de Custines*, *écrivain contre-révolu-
tionnaire* ; mais il n'y avait pas un mot qui fût relatif à
l'*Appel à la postérité*.

L'auteur ne connaissait point du tout M. Webert ;
il a admiré son courage, il a déploré sa mort ; mais on
voit, par ce court exposé, qu'il n'a aucun reproche à se
faire à ce sujet.

Nous avons dit que l'*Appel à la postérité* avait paru
trois jours avant la mort de Louis XVI, c'est-à-dire,
le 18 janvier 1793. Il parut précédé des lignes sui-
vantes, qu'on pourra regarder, si l'on veut, comme
une prophétie.

A mes Concitoyens.

« Il y a aujourd'hui 144 ans que les Anglais, conduits
comme vous par une faction régicide, immolèrent sur l'é-
chafaud un roi qui était loin d'être aussi bon que le vôtre.
Il y a 133 ans qu'ils expient par leurs remords toujours
renaissans, et par un jeûne solennel, cet épouvantable
forfait. Français ! je désire être mauvais prophète ; mais
de longues et d'effrayantes calamités suivront l'assassinat
de votre roi.

« On n'assassine pas les rois impunément ; c'est un
crime que la justice divine poursuivrait, au défaut de la
justice humaine.

« La France est perdue ; l'orage gronde et s'avance. L'Europe entière vous demandera compte un jour du sang précieux de vos rois, et la postérité ne prononcera qu'avec exécration le nom des brigands qui l'ont versé, et des lâches qui l'ont souffert. »

APPEL

A LA POSTÉRITÉ,

SUR

LE JUGEMENT DU ROI.

———

Stabilimentum populi Rex sapiens.

PROV., cap. v.

Le temps des révolutions est ordinairement celui des passions extrêmes, des injustices, des grands crimes et des grandes sottises. Les journalistes et les historiens ont, à cette époque, beaucoup moins de critique, et infiniment plus de préjugés que jamais. Livrés ou vendus au parti dont ils prônent les opinions, ils se donnent rarement la peine d'examiner celles de leurs adversaires. En récompense, ils dénoncent, ils déchirent, ils couvrent de boue et leurs mœurs et leurs talens. S'il y a peu d'hommes qui sachent voir un fait avec toutes ses circonstances, il y en a moins encore qui savent juger les opinions telles qu'elles sont avec tous leurs motifs.

Avec quel acharnement les historiens romains n'ont-ils pas poursuivi Tarquin-le-Superbe? Cependant, si nous nous rappelons sa douceur pour les peuples vaincus, sa libéralité envers les soldats, cet art qu'il eut d'intéresser tant de gens à sa conservation, ses ouvrages publics, son courage à la guerre, sa constance dans son malheur, une guerre de 20 ans qu'il fit ou fit faire au peuple romain, sans royaume et sans biens, il faudra bien convenir que ce n'était pas à beaucoup près un homme sans mérite : son plus grand tort peut-être, fut de n'avoir été qu'un demi-tyran au milieu d'un tas de barbares et de sénateurs ambitieux qui ne voulaient renverser son trône que pour s'en partager les débris. Avec de pareils sujets, et dans de semblables circonstances, il ne faut être ni bon ni méchant à demi.

Les Grecs avaient une telle horreur des tyrans et de la tyrannie, que leurs poètes, leurs orateurs et leurs historiens ont flétri sans mesure la mémoire de Pisistrate, de Denis et de Philippe, dont les noms ne sont parvenus jusqu'à nous que chargés de toutes les épithètes que la rage peut inventer. Qu'est-il arrivé ?

C'est que cette violence même en a fait suspecter le motif. On a examiné le caractère des peuples et des tyrans ; on a vu que les premiers étaient jaloux, inquiets, féroces, menés communément par de hardis coquins, des *Anitus*, des *Cléon* et des *Robespierre ;* on a vu que Pisistrate réunissait à une valeur brillante et souvent éprouvée, une éloquence persuasive, un esprit orné ; que tous les jours de son administration furent consacrés à l'utilité publique, et furent marqués par de nouveaux bienfaits. Qu'en un mot, le célèbre Périclès, dont s'énorgueillit la Grèce, n'eut pas plus de talens, et ne fit jamais autant de bien.

On a vu que Denis fut encore plus redoutable par ses talens extraordinaires, que par les outrages qu'il fit à l'humanité. Certes, il n'eût pas régné 38 ans sur le peuple de toute la Grèce le plus inquiet et le plus pétulant, s'il n'eût été qu'ambitieux et cruel.

On a vu que Philippe était généreux, affable, instruit, et qu'il apprit à l'école d'Epaminondas à entendre la vérité, à revenir de ses erreurs, à connaître les Grecs, et à les asservir.

Et nous aussi nous aurons une postérité! Cette postérité nous jugera : elle nous jugera sans partialité, sans passions, sans ce nuage épais de vengeances, d'ambitions, d'intrigues ou d'incertitudes qui obscurciraient l'évidence même. Que diront les arrières-petits-fils de Marat et de Robespierre, en apprenant les forfaits de leurs aïeux? Que penseront-ils du renversement d'idées et de principes consacrés par leurs forfaits? Seront-ils encore séduits par l'espoir irréfléchi d'une liberté chimérique? Ah! nous en avons payé si cher les premiers rudimens, qu'ils ne seront point tentés d'en recommencer le ruineux essai. Seront-ils entraînés par des souvenirs flatteurs ou excités par des motifs de haine? La haine sera éteinte; et trois générations englouties dans la nuit des tombeaux laissent un intervalle immense entre l'offenseur et l'offensé.

Ils voudront voir, ils voudront examiner cependant si leurs ancêtres étaient des monstres ou bien des instrumens sévères de la justice divine.

Aux cris tant répétés de *tyran*, de *despote*

et de *conspirateur,* ils se feront rendre compte de la conduite de ce prince infortuné qui provoqua tant de noms odieux, et attira sur sa tête un déluge effroyable de maux de toute espèce. Qu'avait-il fait ?

Il avait 20 ans lorsqu'il monta sur le trône de ses aïeux. Si dans cet instant décisif il se fût annoncé avec l'éclat des vertus guerrières, le Français eût voulu être guerrier, comme son souverain ; et en pleurant sur les maux de l'humanité, la complaisante philosophie lui eût encore prodigué les titres fastueux de héros, de vainqueur et d'immortel. Mais on ne répéta que des traits de bonté ; et la bienfaisance, cette qualité qui rapproche le plus les hommes de la divinité, fut la vertu chérie des Français, qui, dans tous les temps, furent les imitateurs de leurs maîtres.

Louis, jeune et placé sur le plus brillant trône du monde, pouvait se livrer à ses plaisirs ; il ne vit que des devoirs à remplir ; il ne sentit que la grandeur de ses obligations. Il appela auprès de lui le comte de Maurepas, celui de tous les anciens ministres qui réunissait au plut haut degré l'estime et la confiance de ses sujets. « La certitude que j'ai de votre probité, lui écrivait-il, autant

que de votre intelligence profonde, m'engage
à vous prier de m'aider de vos conseils. Venez
le plutôt possible, venez voir votre roi et
votre ami. »

On voulait écarter le peuple qui se préci-
pitait en foule sur ses pas pour jouir de sa
vue. « Laissez, laissez, disait-il à ses gardes;
pourquoi nous empêcher de nous voir? Je
suis leur père; ils sont mes enfans. »

En montant sur le trône, il avait trouvé
les trésors de l'Etat épuisés, les dettes accu-
mulées, les anciens services oubliés, les tribunaux renversés, les lois intimidées, la
nation humiliée, tous les courages abattus,
enfin des droits, des usages et des préjugés
contre lesquels l'humanité n'avait point cessé
de réclamer.

Le premier acte de sa puissance est la ra-
tification des engagemens de ses prédéces-
seurs; il garantit la dette publique, il fait
acquitter les pensions sur les fonds de sa
cassette, il protége les travaux de l'agricul-
ture, il rétablit les tribunaux sur leurs anciens fondemens, il supprime la question et
la corvée. D'immenses canaux sont ouverts
dans la Picardie, dans la Bourgogne, dans
le Nivernois, dans la Bretagne, dans le Berry.

Déjà les impositions étaient perçues avec modération, les contributions dans les paroisses avaient cessé d'être solidaires ; les grains étaient affranchis de tous les droits qui en avaient causé le renchérissement. Le poisson jouissait de la même franchise ; les capitaux étaient attirés dans les campagnes pour en accroître la culture. Toutes les branches d'industrie étaient encouragées.

A M. Turgot avait succédé M. Necker, toujours désigné par la voix du peuple. Cet homme est en partie l'auteur de nos maux ; mais la justice nous oblige de dire qu'il nous procura quelques instans prospères, et qu'il trouva dans son excessive vanité, presque toutes les ressources qu'eût apportées pour son roi, le français le plus dévoué et le ministre le plus habile.

Les Anglais menaçaient dans le secret de leurs conseils, les possessions de la France et de l'Espagne. Louis pénétra leurs desseins. Il conclut un traité de commerce avec les Américains, et montra dans sa conduite une si grande équité, que les autres nations n'y virent que des exemples à suivre.

A peine jouit-il des premières douceurs de la paix, qu'il songea à l'assurer pour toujours par l'appareil formidable d'une construction inouie. La France avait souvent imputé le malheur de ses flottes au refus que la nature lui avait fait d'un port à l'entrée de la Manche. Louis élève devant Cherbourg, au milieu des flots, un boulevard immense, où les flottes les plus nombreuses doivent trouver en tout temps un asile contre les efforts de nos ennemis, et contre la fureur des élémens. Si jamais l'histoire cessait d'attester qu'il fût l'ouvrage des hommes, la postérité croirait y reconnaître celui de la nature.

Au sein de la paix, il encourage les arts ; les chef-d'œuvres de peinture et de sculpture sont placés dans une vaste et superbe galerie, qui réunit à-la-fois les chef-d'œuvres du génie et les modèles de vertu. Paris, devenu la capitale de l'univers, reçoit de nouveaux embellissemens ; les quais sont élevés, les ponts sont déblayés.

Mais plus encore que les arts, l'humanité fixe l'attention de Louis et occupe ses soins. Il rompt tous les fers dans ses domaines ; il abolit cette odieuse servitude personnelle contre laquelle la nature avait réclamé vainement depuis dix siècles.

Il vient au secours de l'innocence accusée

en supprimant la question préparatoire, absurde et barbare invention qui fut encore plus l'écueil de l'innocence que le triomphe du crime.

Il supprime la peine de mort contre les déserteurs; il combat et détruit le préjugé cruel qui étendait sur toute une famille la honte d'un coupable. C'est à lui, c'est à ses soins, paternels qu'on doit la construction des prisons pour les débiteurs. Il ne voulait pas, avec raison, que l'infortuné qui expiait la témérité de ses engagemens, fût confondu avec les criminels, respirât l'air empoisonné des scélérats, qui attendaient le supplice dû à leurs forfaits.

Sa bonté sur-tout éclata pour les malheureux, par ses soins pour les hôpitaux, par ses aumônes pour les indigens, par ses inquiétudes pour les enfans trouvés.

La médecine n'avait eu que des écoles; il institua *la société*. Avant lui, les rois avaient fondé des académies pour leur gloire, Louis XVI en voulut fonder une pour la conservation de l'humanité.

Cette ébauche imparfaite du meilleur des rois, n'arrêtera point la hache assassine suspendue sur sa tête, je le sais, mais suffira pour démontrer dans deux siècles à tous les petits Robespierre, Marat, d'Orléans et autres descendans des bourreaux qui l'ont tué à coup d'épingles, que Louis ne fut ni un imbécille ni un tyran, comme ils l'ont répété tant de fois.

Il ne fut point un imbécille, celui qui, **en** apprenant la mort de son aïeul, s'écria en joignant les mains : *Mon Dieu, qui m'apprendra à régner ?*

Il ne fut point un imbécille, celui qui traça d'une main hardie la carte de M. de la Peyrouse, et composa le mémoire relatif à son voyage.

Il ne fut point un imbécille, celui qui dit souvent au conseil des dépêches : *Tel jour nous avons jugé le contraire, et nous avions tort.*

Il ne fut point un imbécille, celui qui, en 1789, ayant mandé le comité des subsistances de Paris, entra dans le plus grand détail des causes de la disette et des moyens d'y subvenir, au point de faire dire à M. de la Vigne : *De bonne foi, il en savait plus que nous.*

Etait-il un imbécille, celui qui, mandé à la barre de la convention, sans secours, sans conseils, répondit à l'acte énonciatif de ses prétendus crimes, avec une netteté, une précision, une vérité qui confondit ses adversaires et fit verser des larmes d'admiration à toute l'Europe ?

Etait-il un imbécille, celui qui, renfermé dans une voiture avec trois imbécilles de cette commune de Paris, dit que les discours si vantés de Tite-Live, étaient l'ouvrage de l'historien et non celui des capitaines.

Etait-il un imbécille, celui qui, en voyant rentrer jeudi soir M. de Malesherbes, lui demanda froidement le résultat de l'appel nominal ; celui-ci ne lui ayant répondu que par ses larmes : j'entends, reprit Louis plus froidement encore ; tout est fini. Mais, ajouta-t-il d'un ton plus affectueux, mon ami, j'ai encore une grâce à vous demander, elle est grande, et c'est la dernière. Votre cœur ne peut la refuser ; c'est de m'accompagner à l'échafaud. Vous y monterez avec moi ; vous recevrez mes derniers soupirs, et vous les reporterez au sein de ma femme et de mes enfans. Cette idée vous afflige ; vous pleurez... Elle m'afflige aussi ; mais reprenons l'un et l'autre le calme et la dignité qui nous conviennent et qui doivent honorer mes derniers momens..... N'en parlons plus.

Ah! oui, Louis eut un moment de faiblesse, mais ce fut le jour où, cédant à la bonté de son cœur, et voulant soulager efficacement les besoins de son peuple, il appela les états-généraux auprès de lui. Mais certes, s'il manqua de prévoyance dans cet instant décisif, qui osera dire qu'il manqua de bonté ? Et n'est-ce pas à-la-fois le comble de l'horreur et de la mauvaise foi de profiter de cet excès de bonté pour l'accuser de tyrannie....

Louis XVI un tyran ! l'avez-vous cru, le croyez-vous en le répétant :

Usurpateurs hardis , dangereux intrigans ,
Orateurs de cafés , vil ramas de brigands ,
D'un despote étranger, adorateurs serviles ;
Des légitimes rois contempteurs indociles ,
Soufflant par intérêt le feu de la scission ,
Immolant tout au gré de votre ambition ,
Du nom de Liberté colorant vos vengeances ,
Massacrant sans pitié le faible sans défense.
Faux, parjures , ingrats, violant tous les droits ,
Dépouillant les sujets et détrônant les rois ;
Portant le fer, le feu, la mort ou des entraves
Par-tout où votre orgueil rencontra des esclaves.
Le croyez-vous , ligueurs , fourbes , séditieux ?
Ivres d'un vain pouvoir, bravant jusqu'au tonnerre ,
Cessez de ravager et de tromper la terre (1).

____

(1) Poëme de la Religion.

Louis XVI un tyran!.... Ah! si jamais on abusa des mots pour tromper les peuples, c'est quand on prodigua le nom de *tyran* à celui de tous les hommes qui le mérita le moins.

S'il eût été un tyran, jamais, non jamais les tyrans exécrables qui nous gouvernent aujourd'hui, ne pourraient se vanter de l'avoir vaincu, condamné, traîné à l'échafaud. Ces monstres abominables n'invoqueraient pas la sainte humanité, alors qu'ils l'outragent le plus évidemment. S'il eût été un tyran, il eût pu rassembler les états-généraux, mais il les eût asservis, il se fut conduit avec eux comme Cromwel avec son tripot parlementaire, comme Frédéric II avec son conseil de Berlin; s'il eût été un tyran, il eût encombré les prisons de victimes, et n'eût pas défendu à ses gardes de tirer sur le peuple; s'il eût été un tyran, son trône serait enfoncé dans le sang, mais il y serait encore assis : il serait triomphant, et tous les brigands seraient ou pendus ou dispersés. S'il eût été un tyran, il n'eût jamais reconnu cette convention qui se permet de le juger avec tant de scandale, avec si peu de formes, et contre toutes les règles de la justice et de l'humanité ; il eût protesté contre ses juges ; il n'eût point écrit une lettre si simple, et pourtant si touchante. « Je dois à mon honneur, je dois à ma famille, je dois à la nation entière de ne point souscrire au jugement que vous allez rendre en conséquence d'une accusation que je n'ai point méritée. Je déclare donc que j'interjète appel à la nation entière de la sentence qui sera rendue contre moi, et je donne à mes défenseurs tous pouvoirs nécessaires pour que le présent appel soit inséré au procès-verbal de la convention. »

Louis XVI un tyran ! Citez donc un seul acte de tyrannie ; citez un fait de sa volonté ; un seul vœu de son cœur qui ait eu pour objet le malheur de son peuple ?

A-t-il, comme Tarquin, monté sur un trône ensanglanté, conquis par la violence, soutenu par le meurtre des premiers sénateurs ?

A-t-il, comme Phalaris, inventé un taureau de bronze, ou, comme Denis, fait creuser une *oreille* pour punir les frondeurs, ou pour surprendre le secret des familles ?

A-t-il, comme Philippe de Macédoine, asservi ses voisins, corrompu les Athéniens

(15)

et consacré en maxime qu'on amusait les
enfans avec des hochets, et les hommes
avec des sermens ?

A-t-il, comme Néron, voulu mettre le feu
à sa capitale, ou, comme Caligula, établi son
cheval maire ou échevin de Paris ?

A-t-il, comme Jean Sans-terre, soumis sa
couronne et sa personne au saint-siége, après
avoir déshonoré l'une par des meurtres et
l'autre par des sacrifices humilians ?

A-t-il, comme Philippe II, roi d'Espagne,
ébranlé l'univers du fonds de son cabinet,
en répandant par tout la terreur et la déso-
lation ?

A-t-il, comme Louis XI, appesanti sa verge
de fer sur son peuple, et mis en pratique l'infâme théorie de Machiavel ?

A-t-il, comme Charles IX, signé l'arrêt
fatal d'une Saint-Barthelemi, et tiré sur ses
sujets des fenêtres de son château ?

A-t-il, comme Henry VIII, déclaré *qu'il
n'avait jamais refusé la vie d'un homme à sa
haine, ni l'honneur d'une femme à ses désirs?*

A-t-il enfin, comme Charles Stuard, voulu
changer la religion dominante, cassé la
représentation nationale, porté les armes

contre son pays et perdu la bataille de Nazerbi ?

Non, il n'a rien fait de tout cela. Il fut constamment l'ennemi de l'injustice, de la flatterie, des coups d'autorité, du luxe et de la dissipation. Dans sa jeunesse, dans l'âge brillant des fêtes et des plaisirs, il n'eut ni maîtresses, ni favoris, ni fantaisies dispendieuses. La chasse fut son seul exercice; le travail de son laboratoire, son seul délassement. Il n'a fait qu'une guerre, elle était pour la liberté; n'a commis qu'une faute, c'était d'assembler les états-généraux.

Mais enfin, que devait-il en attendre de ces états-généraux, que si témérairement il convoqua dans le ferme dessein de rendre son peuple heureux ? Des éloges et des consolations sans doute, si au lieu des tigres et des loups, il avait rassemblé autour de sa personne sacrée des Français et des hommes.

O combien ces Français eussent béni, adoré un roi qui, dédaignant le faste de sa couronne et les plaisirs de son âge, eût traité franchement et cordialement avec eux, qui, non content de suspendre provisoirement les impôts, d'abolir les lettres de ca-

chet, de fixer le mode et la quotité de l'im-
position, supprimé la corvée, la question ,
les gabelles, signé l'ordre de démolir toutes
les bastilles du royaume, et accordé l'entière
et absolue liberté de penser et d'écrire , eût
ainsi parlé d'après son cœur : « Ecoutez-
« moi, ô mes amis ; de grands besoins exis-
« tent, ils ne sont pas mon ouvrage. J'ai
« tenté tout ce qui a dependu de moi pour
« les soulager, je n'ai pu y réussir. Je vous
« confie cet important travail. Voyez le mal ,
« cherchez le remède. Je vous livre une
« partie de mon pouvoir, vous ne vous en
« servirez que pour soulager mon peuple.
« Travaillons tous ensemble et de bonne foi
« à établir un système de gouvernement, tel
« que ni moi, ni mes successeurs ne puis-
« sions plus être trompés , tel encore que
« le peuple ne puisse jamais être impuné-
« ment la victime de l'injustice des tribu-
« naux, de l'oppression des grands et du
« caprice des ministres. »

Français du vingtième siècle , voilà ce
qu'il a dit, voilà ce qu'il a fait. Et qu'a-t-il
recueilli pour prix de ses travaux et de ses
sacrifices de toute espèce ? Ah ! c'est ici la
partie pénible de mon ouvrage ; c'est ici que

mon cœur saigne et que ma main tremble.
Après quatre ans d'esclavage dans son château, où les misérables n'ont rien épargné
pour l'obliger d'en sortir et le punir ensuite
d'une faute qu'ils l'avaient forcé de com-
mettre, ils l'ont précipité tout d'un coup,
lui, sa femme et ses enfans, dans le fond
d'un cachot, où des géoliers commissaires,
cent fois plus ingénieux dans leur barbarie
que les despotes d'Alger et de Tunis, lui
faisaient lentement avaler le calice amer de
sa future décapitation, où, avant de le con-
duire à l'échafaud, ils l'ont mille fois assas-
siné sur son lit de douleur. Qu'est-il besoin
de rappeler ce que toute l'Europe sait, qu'ils
ont refusé à ce royal prisonnier le secours
d'un prêtre, d'un médecin et la vue de sa
femme et de ses enfans. Qu'est-il besoin de
dire qu'ils lui ont fait présenter la tête et le
cœur de la princesse de Lamballe, qu'ils ont
fait crier tous les soirs sous ses fenêtres
toutes les horreurs que leur infernale ima-
gination pouvait inventer au milieu des plus
sales orgies.

Non, tous les Français n'ont point partagé
les crimes de ces infâmes géoliers. Non, la
France n'est point coupable des attentats

inouis des 5 octobre, 10 août et 3 septembre,
mais elle saura les punir. Ces grands scélérats, ces petits et froids imitateurs de
Cromwel, ne savent pas que de sottises en
forfaits, ils sont parvenus à décéler leur
ignominie et à réveiller le caractère national
trop long-temps endormi par les promesses
mensongères d'une philosophie meurtrière
et subversive de toute morale. Leur em-
portement a fait soupçonner qu'ils n'étaient
que les ministres avilis d'une vengeance personnelle, ou les satellites stipendiés d'un
tyran caché, que Mirabeau peignit si bien
en l'appellant l'*écume du crime*.

Quel monstre ? C'est un homme existant en cent mille,
De nos vastes faubourgs, seul et puissant mobile,
Qui, rival d'Ariman, sans paraître, est par-tout,
Brûle, énivre Paris de l'un à l'autre bout :
Sa politique infâme appelle l'ignorance,
S'empare adroitement des voix de la science,
Proscrit toute vertu, qu'il voit d'un œil jaloux,
Consacre toute horreur qui sert bien son courroux ;
Rampe vers la grandeur par d'indignes détours,
Du poignard, du poison achetant les secours,
Fait un devoir sacré du crime, un jeu du sacrilége,
Change en théâtre un temple, en Sodome un collége ;
Enfante et canonise un système cruel,
Qui profane, ensanglante et le trône et l'autel,

Divinise les fruits du plus vil fanatisme ;
Sur les débris de tout s'élève au despotisme ;
Enfin par un concours d'incroyables forfaits,
A celui qui les voit, fait douter s'ils sont vrais (1).

Tel est ce monstre, que les pinceaux brû-
lans, nerveux et réunis de Juvenal, de Sué-
tone et de Salluste auraient eu peine à saisir,
auraient eu plaisir à peindre.

Tel est cet homme à qui on sacrifie Louis
et sa famille.

O Louis ! monarque infortuné, que ta douleur me pèse ! que tes chagrins me font de
mal ! Dans l'infâme cachot où des brigands
t'ont précipité, sur l'échafaud où d'autres
brigands vont te faire monter, tu es, tu
seras plus grand que le plus grand de tes
aïeux. Lorsque ta tête sanglante roulera aux
pieds de tes bourreaux, lorsque ton sang
arrosera cette horde de cannibales qui assis-
teront à ton supplice, crois, ah ! crois que
la grande majorité de la nation souffrira plus
que toi ! Victime déplorable de l'ambition
des uns et de la vengeance des autres, tu
contemples déjà ton supplice d'un œil ferme,
et tu mesures sans crainte la profondeur de

(1) Poëme de la Religion.

l'abîme que tu vas franchir : nous seuls trem-
blons pour tes jours, nous seuls ne pouvons
nous accoutumer à l'effroyable idée de notre
roi si lâchement abandonné , si indignement
traîné à l'échafaud , si cruellement massacré.
O Louis ! la postérité te rendra justice , et
l'histoire qui veille , et sur les actions des
rois, et sur les crimes des peuples , écrira
ton nom chéri à côté des noms immortels
de Marc-Aurelle, de Louis IX et de Henri IV.

Les dénominations barbares de *tyrans*, de
conspirateurs et de *despotes* resteront à tes
ennemis, et leur signalement, substitué à
ceux de Mézence et de Néron, deviendront
pour l'équitable postérité,

Des plus cruels tyrans la plus cruelle injure.

FIN.